JN412843

자클린의 눈물

손영미 시집

한때, 말이 무력하게 느껴진 시간이 있었다.
단어들이 부서진 마음에 닿지 못하고
침묵이 오히려 진실처럼 여겨지던 시절.

그러나 나는 알게 되었다.
절망은 가장 먼저 언어를 침묵시키고
회복은 언제나 가장 낮은 목소리로 말을 건넨다는 것을.

이 시집은 무너진 자리에서 다시 말을 배우는 나만의 언어이다.
애써 외면했던 상처에게
무관심으로 지나쳤던 타인에게
그리고 오래 침묵했던 나 자신에게
조심스레 말을 걸기 시작한 어느 날의 고백이다.

나는 여전히 믿는다.
언어는 부서질 수 있지만
그 조각으로도 누군가를 살릴 수 있다는 것을…

이 시집이 침묵의 끝에서
조용히 살아내고 있는 이들에게 닿길 바란다.

어느 날, 희망이 말을 걸듯이…

2025년 가을날
손영미

차례

2부 네일아트

3부 노래가 자살한다면

4부 고고학적인 하루

1부
사랑을 위한 비유법

사랑을 위한 비유법

삼 년 묵은 김치로 자작자작 끓여낸 찌개처럼 너는 다가왔다

한쪽 다리가 부러져 버려진 나무 의자처럼 나는 너에게 기댔다

폐업한 후 방치된 폐건물처럼 너는 멀어졌다

정전으로 멈춘 엘리베이터 안에 날마다 갇힌 것처럼 두려웠다

온몸 피멍 뚫고 바위틈 속에서 피어오르는 민들레꽃처럼 나는 무게에 짓눌려 어깨가 아팠다

동이 틀 때 종탑 위 십자가의 떨림처럼 재회는 오지 않았다

오크통에서 십 년 동안 숙성된 와인처럼 내밀하게 나는 침묵했다

공기처럼 후일담은 허다했고, 일기예보처럼 예감은 빗나

갔다

태양빛 비켜 새벽 달빛은 슬프게 기울고

새들은 나무 위에서 새봄을 알리지 않는다

담장 밑 수선화처럼 반쯤 고개를 든 채

나는 차가운 대리석 바닥처럼 온기를 자주 버렸다

은밀한 까마귀처럼 누군가 다가와 속삭였다

다시 돌아오면 진짜 사랑이 아니야

먹구름처럼 불길한 것이 나를 끌고 외길을 가고 또 갔다

간극

당신과 나만 있는데
한 침대에서 네 명이 자고 난 기분이다

심장의 사생활
우린 겹치면서 어긋난다
어긋나면서 침묵한다
침묵은 생각의 농도를 조절하기 안성맞춤이다

당신의 잠과 나의 불면은 다른 목적을 갖는데도
우린 그렇게 무탈했다
내가 불면의 밤을 건너갈 때
당신은 잠을 신뢰했다

나는 당신의 잠이 궁금하지 않고
당신은 나의 에스프레소가 몇 모금 만에
사라지는지 신경 쓰지 않는다

밤은 깊어 가고 나의 심장은 위험하다
텅 빈 무대 위에
주목받지 못한 배우처럼
나는 서 있다

놀란 당신은 놀라지 않는 척을 하겠지
애초에 과묵하니까
내가 쓴 대본 속에서
조용한 괴물로 나오니까
사물을 연기하는 데는 달인이니까

지문에는 항상 이렇게 적혀 있다
절대 서로의 얼굴을 보지 말 것
가면을 아는 척하지 말 것

커피와 나 사이

커피는 처음부터 나의 감정을 결정하지 않았어

잔의 깊이와 토핑 크림의 양과

소음이 들리지 않는 테이블만이 중요해

작은 기적에도 웃고 우는 사람들을 다 이해했어

오늘은 검고 내일은 희어도 괜찮아

찻잔이 식었다고 내 마음이 식은 건 아니니까

억눌린 심장을 타고 흐르는 쌉싸래한 맛과 호흡에도

연거푸 누런 거품을 토해내도

세상 끝 시름에 입천장을 데어도

무심한 봄날이 가고 조금은 외로워도

꽃이 피고 지는 것을 막을 수 없어

이젠 커피 속 끈적이는 관계를 끝내야 해

나는 마지막까지 오직 커피 맛을 위해

이곳을 사랑했으니까

내가 가진 솔직함의 원산지는 떠난 당신이니까

가시 꽃

당신이 내게 준 것은 꽃입니까 가시입니까
당신은 꽃을 보냈는데
나는 처음부터 가시로만 보였습니다

손을 조금만 부주의해도
금방 가시에 찔리고 마는 선인장이
당신과 나 사이에 있습니다

고개 숙여 유심히 살펴보지만
우리의 역할은 정해져 있습니다

당신은 한 달에 한 번 물을 주고
난 무작정 기다립니다

목마름 하나로 자생하며
방어기제로 가시를 키우고
짓무른 상처를 안고
꽃을 피워냅니다

백색 꽃들이
고개를 내밀 때까지

이별의 시간을 견딥니다

세상이 온통 가시에 찔린 채
꽃내음이 진동합니다

트라이앵글

사랑이 온기를 잃어갈 때
우리는 서로를 배회하며 빗금으로 선다
스스로 경계를 만들고
서로를 향했던 마음들이 모서리를 갖는다

이곳이 분리되어 이쪽과 저쪽으로 나뉜다
난 이곳에서 꽃밭을 일구면서 웃지 않고
당신은 그곳에서 노래를 부르면서 귀를 닫는다

대답이 없는 노래는 허공 속에 메아리가 되고
나는 나무 위에 내려앉은 연緣을
망연자실 올려다본다

세 개의 모서리가 허공 속에서
바람결 따라 가벼이 흔들릴 때
이별은 완성되는 것이 아니라
무뎌지는 것이다

어느 날 어느 때 부서질 열망의 각을 안고
고요를 가장한 채
서로의 모서리를 간신히 지탱하다가

점점 멀어지는 것이다

먼저 돌아선 당신의 모서리는 등이다
등은 한없이 단단하고 높아서
홀로 남아
트라이앵글 속에서 관조를 배운다

상상 결혼

연애 불능 시대
매일 결혼식을 올려볼까
월요일에는 구름과 결혼하는 게 좋겠어
기분이 착 가라앉으니
구름의 품에 파묻히고 싶어
들뜨고 싶어

화요일에는 아바타와 살고 싶어
나를 대신해 전화를 받고
상담할 땐
높은 평점을 건네고 싶어

수요일엔
극장과 만나 실루엣 같은
어둠을 즐기고 싶어
내가 상상으로 쓴 각본대로
어둠이 주인공이 된 연극이 펼쳐지면
기립박수를 치고 싶어

목요일엔 거울과 하나가 되고 싶어
에메랄드빛 투명 유리 벽 속에서

연인의 속마음까지
꿰뚫어 비춰보는
무채색 얼굴이 되어
깨지지 않는 꿈을 내밀고 싶어

금요일 저녁엔 타로카드와 만나
나의 이 끝없는 결핍을 이야기하고 싶어
모든 근심을 토로하고
질펀한 마음을 들키고 싶어

토요일 밤엔
시공을 넘나들며 어린 왕자에게 가서
길들여지고 싶어
B612 별과 여우와 장미를 불러와
식솔을 구성하고 싶어

일요일엔 모든 것과 헤어지고 싶어
나의 머릿속 생각들의 놀이터가 잠이 들면
17살의 소녀 시절
처음 내게 찾아왔던
무의식만을 껴안고 리셋하고 싶어

연애와 연애 사이

저녁의 술집이 내게로 왔다
술집이 입을 잔뜩 벌려
나를 삼켰다

내 몸 안에는 전부 독한 것들만 있어서
나를 쉽게 소화시킬 수 없다
계단과 늪이 점점 더 소용돌이친다
난간을 향해 계단이 자라고
늪은 하염없이 번져간다

구름의 변화와 바람의 살결이
먼 별처럼 흐릿하게 떠다니고
총총히 빛나던 내면의 시력도
초점을 잃어간다

싱거운 술잔이 흐느적거리며
달려들어도 나를 매번 허락한다
별들이 모든 것을 거부한 채
고독 속으로 떨어진다

아침 일곱 시 식탁에는

술병과 증오와 그리움만 있고
갑자기 사라진 단축 번호가 선명히 떠오른다
마음은 매번 바깥을 향하지만
본능은 또다시 당신 쪽으로만 기운다

발목이 기억하는 좌표와 노선이 있다
그러나 무작정 가려는 술 취한 나와
취하지 않는 당신이 있어서
끝내 붙잡지 못한다

누군가 등을 보인 채 입구를 나선다
미처 짐을 다 챙기지 못한 여름이
어리둥절 머뭇거리고
궁금한 저녁 식탁과
궁금하지 않은 아침 식탁 위에서
연애는 다시 건포도처럼 시름시름 말라간다

호명呼名

내 안에는 어떤 기우들이 숨어 살까
잡힐 듯 잡히지 않은 미로
수많은 사람들의 숨결이
엉킨 회로처럼 살고 있어서
매일매일 나는 다른 나를 불러들인다

그러니 나의 표정과 태도와
자세를 완성하는 것은
언제나 호명이다

오늘은 어떤 기운이 나를 다그쳐
미지의 길을 모색한다
익숙한 사람의 낯선 길일까
낯선 사람의 다정한 길일까

그런데 오늘 호명엔 목소리가 없다
그저 작은 기척 하나가
나를 불러 세운다
시간과 공간을 뛰어넘는 그리움
당신이 주고 간 긴 여운 때문에
난 밤낮을 뒤척인다

두 어깨가 긴 한숨으로 바뀌고
나와 함께 지새웠던 별들이
이내 통증이 되어
심연 속에 떠오른다

이른 아침 흰 눈발 앞에 고백한다
차라리 하늘의 호명을 받겠다고
그런데 처마 밑 풍경이
찬 바람을 앞세워 꾸짖는다

당신을 호명한 건
언제나 당신 자신뿐이었다고…

리셋

태양 빛이 뜨거운 바닷가 모래벌판
시간이 저 혼자 뛰놀고 있다
파도가 덩달아 휩쓸려 춤을 추고
바람은 넋을 잃고 바라기가 된다
그러나 길고 긴 격리

당신을 향했던 나의 그리움이 폐허다
붉은 노을이 낮을 삼키고 점점 어둠을 몰고 온다
바닷물은 어느새 나의 발목을 뒤덮고
발걸음을 내디딜 때마다
나의 몸은 당신을 잊어가고
가슴에 새긴 간절함만 더더욱 도드라진다

쓸쓸함이 모래알처럼 촘촘하다
오롯이 나약한 한숨만이 오가던 길을 지운다
세상의 남겨진 단 하나의 이름만 달빛 속에서 운다
나는 메스를 들어 기억을 도려내듯
가슴 한 부분을 자르는 중이다
당신의 숨결이 불안하고
당신과 나를 연결했던 안부마저 위태롭다

하늘 아래 우리는 리셋 중이다
당신은 당신의 질서 속으로
난 나의 슬픔 속으로
또다시 그렇게…

#절명

#봄빛이 툇마루에 쏟아진다
두 자매가 그네를 타며 얼굴을 맞댄다
햇살은 흔들리는 그네에 실려 리듬을 탄다
자매의 노래가 바람이 되어 마당 가득 퍼진다

#봄은 오래 머물지 않는다
언니의 이마에 열꽃이 번진다
창가에 누운 그녀가
한 움큼의 봄을 뽑아내듯 거친 숨을 몰아쉰다
그 숨결 너무 가벼워 하늘로 흩어진다

#고향 집 뒤뜰에서
남은 옷가지를 태우며 동생이 운다
자매가 함께 바라보던 동백나무 꽃이
송이째 목을 꺾어 붉은 절명을 떨군다
언니가 남긴 마지막 말처럼 가슴을 두드린다
왜 그리 서둘렀는가
왜 그리 짧았을까
동백에게 묻는다
그 물음이 연기를 타고 하늘로 오른다

#무덤가로 옮겨 심는다
터 몸살을 앓던
동백나무에게 새순이 돋는다
동생이 있을 때나 없을 때나
곁이 환하다
사시사철 기다림 속에
조바심이 사라진다

종점

무등산 자락 원효사 능선에서 해가 뉘엿뉘엿 졸고 있다
사부 능선 길을 오르는 종점 버스
뒷좌석의 홀로 남은 한 여자가 낯설지 않다

여름이 가을을 마중하듯
여름이 종점으로 향하고
숲은 점점 고개를 떨군다
종점에 다다른 운전기사가 예우하듯 뒷문을 연다

하이힐을 신은 여자가 사라질 것처럼 길어진
긴 해거름 속을 걸어간다
절 마당을 지나 위폐가 있는 극락전에 든다
향을 올리고 힘없이 내뱉는 한숨
짙어가는 어둠이 대답하듯 한숨을 삼킨다

천 일째 슬픔이다
익숙해질 법도 한데
여자는 아직도 자신의 종점에 도착하지 못하고 있다
흐느낀다
여자의 눈동자 속에 낙화 몇 잎이 서린다

2부
네일아트

네일아트

가장 겸손하게 손을 내민다
손과 손의 대화법
그녀가 손의 내력을 읽기 시작한다

악다구니를 품고 있는 손톱 가시들
보풀처럼 비죽 비죽 삐져나와
칼날 아래 힘없이 나뒹군다

누런 살들이 담을 허물고
매끄러운 생각을 받아들인다

중지 둘째 마디에 낀 고집 센 굳은살
그것만은 어쩔 수 없다

뭔가 쓰지 않으면 죽을 것 같은 날들로 인해
내 서사의 굴곡까지 들키고 만다

그 시절 내가 할퀴고 싶은 것은 소설의 심장이었다
심장은 노을빛을 닮아
뜨겁고 흥건하고 집요했는데…

나는 심장의 목소리를 듣지 못하고
어느새 손의 용도만 늘려갔다

빛나는 두 손은 끝내 오지 않고
내가 품은 고독만 나에게 베스트셀러가 됐다

거울을 비춰보니 손톱마다 어색한 꽃이 맺혀 있다
낙오자를 위한 변명처럼…

독주의 시간

한 잔 두 잔 독주가 나를 마신다
빈 병이 하나둘 나뒹굴 때마다
편집자보다 술이 먼저
마감을 재촉한다
휘청거리는 내가 위기 속을 떠돈다

누가 내 상상의 갈비뼈
한쪽을 훔쳐 가버린 걸까
두 눈꺼풀 위로 끝없이
반복되는 발단 전개 위기
죽일 것인가 살릴 것인가
절벽을 내밀 것인가
반전을 무너뜨릴 것인가
꽃을 내밀 것인가
주인공이 나를 추궁한다

한 잔 더 나를 마신다
주인공이 외친다
난 아홉 살의 고아가 된 적이 없고,
첫 경험을 열세 살에 하지 않았어요
이혼은 스물아홉 살에 하는 게 적당하지 않나요

끊어질 듯 이어지는 트라우마에
우울의 도수가 1도씩 올라간다
플롯이 파국으로 녹아든다

내 우울은 단편일까 장편일까
거대한 태양이 떠오른다
알약이 필요하다
오늘은 꼭 삼켜야겠다

가스라이팅

밤이 나를 길들이기 위해 내민 것은 질문이다
계절에 따라 날씨에 따라 질문의 방식은 달라진다
매일매일 나는 그 질문을 기록하며
밤을 안고 어둠에 젖는다

비가 오는 날에는 왜 찢어진 우산을 들고
연어처럼 다시 집으로 되돌아왔니?
젖은 기분에 대해만 묻고
맑은 기분에 대해 묻지 않는다

태양이 너에겐 왜 조울증이니?
오늘도 왜 한낮까지 불면을 끌고 가니?
달과 별은 편한데 태양이 불편하다는 걸
질문은 아직까지 모른다

바람이 창문을 가볍게 매만지고 간다
바람은 밤도 낮도 모두 포함한 태도라서
기꺼이 나의 기분을 내어준다

때아닌 춘설이 내린다
나뭇가지 위에는
흰 눈이 제집을 짓듯 쌓여가고

서리 내린 유리 창문에는 내 입김만이
숱한 기억을 되새긴다

이렇게 흐린 날엔 오히려 맑은 숨을 쉴 수 있어서
먹구름 아래 마감을 넘긴 소설을 쓴다
주인공에게 화사한 봄날을 선사하고 싶은데…
밤은 계속 결말을 비극으로 치닫게 만든다

나를 닮은 주인공에게서 이별을 제거하고 싶은데
허무나 외로움을 두려워할 필요 없어
어둠이 치료해 줄 거야
밤은 은밀하게 속삭인다

이 세상에서 가장 벗어나기 힘든 감옥은 밤이다
밤이 밤의 선율 속으로
잡힐 듯 잡히지 않게 멀어져 간다

썼던 소설을 모두 지우고
고아처럼 덩그러니
백지 앞에 앉는다
마침내 또다시 어둠이 찾아온다

프롤로그

시작은 미약하였으나 끝은 창대할 것이다
이 말은 기필코 수정되어야 한다

끝까지 가보지도 않고
미리 끝을 결론 내는
상투적 오만함이 불러오는 습관

우리는 그렇게 위험천만한
실패를 예감하지 못하고
섣부르게 시작하다 고통과 좌절을
일찌감치 감수했다

나의 첫사랑이 그러했고
모든 아침이 그러했다

여자인 내가
그 아이 집 앞에서
새벽이슬을 마다하지 않고 서성이던 때
태양은 끝까지
찬란한 설렘을 보여주지 않았다

나는 그렇게 처음에 갇히고 말았다
그날 이후 너무 많은 시작을 쫓았다

오늘도 나는 내일이라는 시간에 기대어
다시 시작을 표류한다

가능성은 늘 풍부하다
하지만 전개된 적이 한 번도 없다

나는 언제쯤 나를 온전히 맡길
위기 절정을 만날 수 있을까

난 앞이 무섭지 않다
구겨질 종이처럼
남겨질 뒤가 두려울 뿐이다

초고

밤을 좋아한다
귀퉁이를 찾는다
어둠을 할퀴고 술을 마신다

한 잔 두 잔 채워지는 생각들
내 입에서 취한 언어가 쏟아져 나온다

글자들이 백지 위에서 둥둥 떠다닌다
책상 위엔 구겨진 종이 뭉치들이 늘어난다

세 번째 마감일을 넘긴 후
휴대폰을 끈 채 하루를 더 보낸다

나는 아직 알몸이 아니다
자꾸 상상 위에 실루엣을 걸친다

깨지고 물리고 닦고 올리고 깨우고 밀고
때론 처참히 잘라 내면서도
시의 몸에 신경을 쓴다

모든 상징과 비유와 수사를 버린다

또다시 백지다

에필로그

나에겐 언제나 진행형 밖에 없다
나의 글 곳곳엔 자리한
눅눅한 이미지와
리듬 없는 문장들이
그것을 증명한다

산마루에 뜬 해가 나를 질책하듯 바라본다
격자무늬 마룻바닥에 늘어져
나뒹굴던 내가
쓸모를 다한 소품인 양 놓여있다

아직 화분 속 선인장은 죽지 않았고
과정은 결과를 추궁하듯 나를 찌른다
끝까지 버티라고 가시 옆에서 꽃까지 피운다
무작정 시작한 되풀이를 끝내고 싶은데
카타르시스가 찾아오지 않는다

만년필 속 잉크가 새어 나와
어젯밤 백지에 또 한 번 자학을 했다
나는 무엇을 끝까지 기록하기 위해
지금 여기를 반복하는가

내가 잠든 사이
펜이 나의 손아귀를 벗어나
맘껏 자신의 울분을 토해낸 후
달아나면 좋으련만
친절하고 다정하게 일관되게
한 가지 태도만을 유지한다

무심코 잉크를 떠난 글자들이 나를 올려다 본다
결말이 꼭 나의 몫이라고 말하는 것 같다
구겨진 날들에게서도
생기가 돌 수 있을까
왜 난 글과 이별할 수 없을까

퇴고

나는 나를 계속 퇴고 중이다
무차별적인 글 속에 퍼부은 자책을 밤새 고치는 중이다
처음부터 감정이입과 노출이 심한 이미지를
문장들은 쉽게 허락했다

이별이 오탈자를 부추긴 채
군데군데 끼어있는 지금
더 나아갈 수도 없는데
구성이 허술하다 못해 뻑뻑하다

후일담이 우리가 모르는 우리를 삭제했다
당신은 말줄임표가 되었고
나는 쉼표로 돌아섰다

생략법처럼 소문이 놓여있다
인과성 없는 비참이 더디게 머물고
위로를 덧붙이는 일은
더더욱 어렵다

밀고 당기고 두드리자
패기 어린 아집과 독선이

서서히 힘을 빼고 문맥을 벗어나려 한다

당신과 내가 서로 바라보던
아련한 뒷모습처럼
지난날의 아픔이 암시가 되어 서성이다
줄거리 속을 빠져 나간다

여운이 유유히 흐르는 에필로그가
주인공이 모르는 문제를 제시 한다
첨삭이 모두 끝나고 앙상한 뼈로
내가 남아 있다
미친 듯이 부끄럽다
또다시 삭제키를 누른다

암전과 정전 사이

새벽녘 잠을 깨어 어두운 밤을 훑는다
오직 내 눈동자만이 어둠을 뚫고 어딘가로 향한다

심장이 멈춘 듯 온 세상이 암흑이다
누군가는 잠시 정전이라 말하고
누군가는 세상이 끝났다고 말한다

밤하늘을 올려다본다
먹구름 속을 빠져나온 달이 잠시 얼굴을 내밀고 웃는데,

이 밤도 난도질당한 빛들이 보인다
숨결조차 헛기침으로 되돌아가는
긴 여백의 시간

연일 TV 뉴스는 폭력적인 보도에 망설임이 없고
무모하게 신념을 부추기는
선정성 광고가 흉흉하다

나는 놓아 지지도 나아지지도 않는 삶 속에서
그 어떤 믿음도 없이
도심 속 비바람 몰아치는 시간을

무작정 견딘다

신의 실체는 없었다
마치 내 인생의 암전과 정전처럼
어둠 속에서 내 심장 소리만
스펙트럼처럼 파장을 일으키며 거칠게 요동쳤다

암전이 끝나면
또 정전의 날들이 오고
그 어둠 속에서 나는
다시 무모한 꿈을 꿀 거다

아침이 온다
먹구름이 몰려와 또다시 어둠 속이다

먹구름 속에서 누군가는 꿈을 꾸고
또 누군가는 꿈에 질식하겠지

잠시 마음을 켜려는 태도를 거둔다

시소의 시간

슬픔을 반대편에 앉혀놓고 혼자 시소를 탄다
엉덩이를 들어 올리면
슬픔은 무게를 갖는다
엉덩이를 내리면
슬픔은 내 것이 아닌 척 한다

아무리 시소를 타도
하늘에 닿을 수 없다

오르락내리락 방아 찧듯
내려앉은 안장 밑에는
영혼들이 깊은 잠을 깨고 나와
줄행랑을 치며
노을 속으로 달아날 것만 같다

왜? 내 눈에만 유독 노을이 유령처럼 보일까
저 멀리 산등성이 위
이제 막 만들어진
두 개에 무덤들이 좌표 같아서
오르락내리락하는 건 시소만은 아니다
그리움이다

새들이 나를 힐끗힐끗 염탐한다
방과 후 돌아오던 아이들이
하나둘 보이지 않고
등 뒤에 불 켜지지 않는 나에 집을 위해
시소는 오늘도 말이 없다

언젠가부터 놀이터는 고단하게
고개 숙인 사람들의 한숨 터가 되었나
수많은 성장통이 곁에 머물다 갔다

언젠가 기다림도 체념한 듯
가만히 나를 떠날 것임으로
구름 위에 몸을 맡기고 이리저리 떠돌고 싶다

빈집에선 불을 켤 때보다
불을 끌 때가 더 무섭다
이것을 아는 것은 오직 시소 하나뿐이다

사월, 연가戀歌

햇살도 연둣빛 새잎 앞에서는
걸음이 조심스럽다

바람에게 말 거는 일조차도
가만 가만이다

고혹적인 사월
소란스러운 봄소식이 절정으로 치닫는다

처마 밑 엮어둔 거미줄의 섬섬옥수
라일락 향기가 매달려 있다

사월은 모든 것이
그렇게 여리고 잔잔하게 온다

꽃비 날리며 수줍게 거리를 내려앉은 벚꽃 곁에
키 큰 목련은 단아하게 피어나고,

그 목련꽃 그늘 아래에서 시를 읽으면
소녀가 늙어가고,

그 모습을 지켜보는
감나무의 잎이 올망졸망 돋아난다

그렇게 사월의 연가 속에는 꿈을 꾸는
소녀의 순간순간이 살고 있다

어느새 소녀는 노년의 봄이 되어
눈가 주름을 안고 엷은 미소로 봄의 중심을 서성인다

T.S 엘리엇이 자신의 애인이 사월에 죽어
사월을 가장 잔인한 달이라 말한 것처럼,

사월은 가장 슬픔이 많은 계절이라서
이 봄, 소녀는 가장 찬란한 슬픔* 속에서
지금 여기를…

*김영랑의 시 이미지 구절

피뢰침

철의 손, 묵묵히 서 있다
극적인 순간을 위해 흔들림 없이
꼿꼿하고
꼿꼿하다

내 마음속에도 피뢰침이 있다
카타르시스를 기다리지만,
그날은 오지 않는다

그래서일까,
내 시에는 짜릿함이 없다
카오스가 없다

화창한 날씨나 밋밋한 날씨만 있다
오늘 윤동주의 서시를 다시 읽었다
번쩍, 파토스가 찾아왔다

전율이 나를 감싸고
모든 것이 그가 남긴 부끄러움과 연결된다

한 점 부끄럼이란 얼마나 큰 우주인가

그는 혼돈 속에서도
스스로 카타르시스가 되었다

피뢰침의 역할은 마중물일 텐데
나의 피뢰침이 무엇을 기다리고 있을까, 문득 궁금해
비만 오면 창밖을 보는 버릇이 있다

먹구름이 동반된 슬픔을 온몸으로 껴안으려는 것은 아닐까
악천후가 올 때마다 난 감각을 피뢰침처럼 내민다

시를 쓰게 만드는
쓰지 않고는 견딜 수 없게 만드는
부끄러움이란 무엇인가

거울, 데칼코마니

거울을 본다
거울은 언제나 나보다 먼저 나를 알고 있다
내가 눈물을 보여주면 바다를 내밀고
내가 실체를 알려고 하면 환상으로 바뀐다

번역 불가능한 빛
짙은 농도로 스며들어
내 존재의 여백을 채운다

내가 거울을 떠나려 하지만
거울은 부재 속에서도 나를 비춘다

내가 닮아가는 것은 거울이 아니라
거울의 불안을 답습하는 나일까

거울이 주체인지
내가 주체인지 알 수 없는데…
슬픔의 미세한 진동과
차갑고 불완전한 온도가
내 회로에 스며든다

빛은 기록되지만 끝내 나를 그림자로 묶어둔다

3부
노래가 자살한다면

해남의 시간

삼산면 송정리 고정희 생가 담장에 매달려
넝쿨째 추일 서정을 쓰고 있는
능소화의 필체
꽃잎 다 떨군 채
잎들만 말아지고
실족의 기억을 되새긴다

녹슨 시간을 안고 선 철 대문을 지난다
마당가 동백나무의 늦은 안부
시집을 들고 있는 나를 본다
열매로 맺힌 마중
다 알고 왔냐고 묻는 것만 같다

액자 속 화장기 없는 그녀
너무나 진지하다
흑백의 민낯이 30년 동안
태도와 기분을 품고 있다

한 표정으로 무엇을 암유하고 있을까
요절이라는 말 앞에
힘 한번 써보지 못한

묵주는 알고 있을까

툇마루에 앉아 먼 산을 무심코 바라본다
이 세상 지울 수 없는 얼굴*로 남아서
몸은 죽고 시만 살아서
지상을 떠돈다는 사실을 그녀는 알고 있을까

시처럼 살려고 하지 말아요
갑자기 목소리가 들린다
그 순간 나는 알몸이 되고
농도를 더한 슬픔이 나를 삼킨다

처럼이 자꾸 목에 걸린다
대답처럼 저녁이 내려앉는다

노을이 뭉클하게 와서 와락, 안긴다

*고정희의 「지울 수 없는 얼굴」

곡비

내가 죽었는데
아무도 안 우는데
빗줄기만이 곡비다
부슬부슬 내리는 저 비
국화꽃도 맨드라미도 같이 맞는다

두 번째 날 곡비는 바람이다
목련이 진저리치며 떨어진다
그 봄날 나무 아래서
나는 왜 새살 같은 꽃잎을 만지작거렸을까
그 모든 걸 기억한 바람이
내게 다시 와서 회억한다

세 번째 날 곡비는 귀뚜라미 한쌍이다
한 짝이 울면
화답하듯 한쪽이 따라 운다
나에겐 죽을 때까지
한쪽밖에 없다는 걸
애초부터 알고 있었을까
후일담처럼 쓸쓸함을 이야기한다

비에게 바람에게 귀뚜라미에게
벌건 육개장 한 그릇 대접하고 싶은데
차가운 대지에서 나 홀로 3일을 지킨다
울음을 채 그치지 않는 대지
마침내 나의 로드킬은 풍장으로 끝이 날까

이승에서 주어진 목소리로
마지막 방백을 읊조린다
오늘 이후엔 온몸으로 울어줄 곡비조차 없을 테니
목마른 가문비나무로나 환생할까

환청

뛰어내리기 좋은 날이네요, 말하며
내 그림자가 문밖으로 먼저 나간다

등을 보이며 커피를 내리던 내가
대답 대신 잔을 움켜쥔다

후회하지 않으시겠어요? 50cm가 넘었는데…
미용사의 말에
울음을 참으며 끄덕인다

당신을 향했던 나의 마음과 시간까지
싹둑싹둑 잘려나간다

긴 서사를 위한 짧은 말줄임표처럼
떨어진 머리카락은 선언일까 다짐일까

거울을 향해 넋 놓고 앉아 있던
나를 내가 미워하듯 바라본다

머리카락이 놀라지 않게 해야 해요
버블 코팅을 권하는 미용사의 말이

상처가 놀라지 않게 해야 해요,로 들린다

머리를 자르고
한껏 볼륨을 올리고
문을 열고 나가자
또 한 번 그림자의 목소리가 들린다

뛰어나가기 좋은 날이에요

십자가

웅크린 나의 갈비뼈를 본다

십자가 밑에서 좀비처럼 드러누워

휑한 눈을 뜨고 벽 한구석 천장을 떠받치고 있는

십자가를 우러른다

십자가와 나는 서로에게 묻는다

당신은 누구이고 여긴 어디인가

흩어진 머리카락을 움켜쥐고

창틀 앞 붉게 익어가는 사과를 보며

이 생애서 가장 좋았던 순간을 떠올리는데

나의 고백은 점점 침묵으로 가라앉고

심장은 또다시 바위를 품는다

어떤 앎의 시간으로 달려가야 히나

나날이 안일하게 불어나는

나의 해찰을 비웃듯

신이 방목한 저녁이 길어진다

오가며 꿈꾸었던 꿈들이

나비의 날개처럼 가볍다

스위스로 가는 마지막 열차

깜박이는 모든 것은 죽음을 향해 열려있다

마감을 재촉하는 커서 앞에서
두 어깨를 늘어뜨리고
이러지도 저러지도 못하는데
메일 하나가 온다

스위스로 마지막 열차를 타고 떠난 그녀의 소식이다

세상 가장 불행하다는 나의 넋두리를
잘 들어준 그녀는
자신의 넋두리는 숨기고 떠났다

죽음과 하나가 되기를 바랐던 그녀
꿈꾸듯 홀연히 알프스산맥을 넘었다

가을마다 강한 소독약이 벤
푸른 커튼을 다급히 젖히면
마지막 가을인 것처럼 놓아버리던 손이 떠올랐다

몇 번의 자해 흔적과

엷은 온기만 남아 있던 그녀의 창백한 손

지병을 앓은 지 3년
온몸에 신경들이
전깃줄에 감전되는 극한 고통 속에서도
스스로 할 수 있는 마지막 선택을 했다

클릭 한 번에 열린 아니 닫힌 그녀의 죽음이
위성처럼 홀로 떠 있다

그녀가 마지막 날을 알리며
내게 예약 메일로 보내온 유언을 응시했다

고통이 나를 삼키기 전에 자유로워지고 싶어
그 길이 지옥이든 연옥이든 천국이든
축복해 줘

나는 커서를 바라보며 그녀의 떨리는 입술을 상상했다

답장을 해도 읽을 수 없겠지
그녀는 생을 마감하고
나는 인연을 마감했다

국화꽃 피는 저녁

죽음을 위한 축제였을까
2022년, 10월 29일
검은 무리 떼들의 아우성이 들린다

눈이 멀고 귀가 멀었구나
이슬처럼 한 계절을 살다 간 청춘들
죽어서도 웃을 수 없겠구나…

불꽃 심장들이여!
그대 청춘의 들꽃 나들이는
로드킬로 끝이 나고
새벽이슬을 이불로 덮고
갈색빛 이파리의 배웅을 받고 말았구나

계절을 다해 피었지만
죽은 자를 위한 축제장에
자신도 모르게 자신을 바치고 말았구나

희뿌연 도심 거리의 모든 건물은 숨을 죽이고
오가던 사람들은 마네킹처럼 입을 다물고 서 있으니
이젠 동물성을 다 버리고

다음 생은 식물성으로 피어나 천수를 누리길 바란다

온 나라가 애도의 깃발을 들고
천국 문을 두드리지만
신은 묵묵부답이다

아우성과 기도 소리만
온 세상 배음처럼 울려 퍼지고
꽃들과 촛불들은 한 방향으로만 타오르고 있다

이제부터 시월은 지옥이다
슬픈 상징이다

격리

내가 문을 열고 나서는데 따라나서는 그림자도 없다

오늘은 그림자마저 격리 중일까

내가 죽은 것인가…

예지몽 속을 걷는 것일까

하나둘 나에게 이탈해 가는 나만의 것들

여자라는 몸에서 여자라는 생각이 사라지고

내 이름마저 기억나지 않는데

난 어느새 연주회장에 와 있다

14살의 내가 피아노를 치고 있다

흰 속옷만 입고 손가락에서 피가 나도록 건반을 두드린다

숨죽인 채 흐느끼는 음절들

귓속에 피고름처럼 고이는 음표들

뒤돌아보니 어느새 내 방이다

태양 빛이 나의 머리를 관통한다

미쳐 악몽을 끊지 못하고 떠도는 미숙아처럼

오늘 밤도 나는 덜 자란 유년의 기억 속에서

폐기도 유기도 하지 못하는 고아가 되어

과거의 기억과 만나 내 안에 새로운 나를 복원 중이다

바람에 삐꺽거리는 창문을 닫고 무대복 대신 수녀복을 입는다

내 안에 흔들리는 뿌리들을 가만히 붙잡는다

어느새 고요가 다가와 나를 응시한다

자클린의 눈물*

보이지 않는 나의 눈은 어디를 보고 있는 것인가

가녀린 틈으로 새어 들어오는 빛
어떤 우주의 기척이 나를 향해 달려온 것일까

나를 태울 것만 같은 빛이
꽂히듯 무대로 쏟아진다

활로 심장을 켠다
머릿속 음표들이 뛰어다닌다

온기마저 놓아버린 나의 심금이 점점 굳어간다
그런데도 비극은 멈추지 않는다

어떤 악기는 천년을 산다는데
나의 사랑과 사람은 5년 만에 떠났다

나의 몸은 슬픔의 원본
첼로여 더 이상 나를 기록하지 마라

너에게 슬픔이 중독되는걸

차마 허락할 수 없다

난 그저 파국의 주인공처럼 감긴 눈을 한 번 더 감는다

안에서 바깥으로 연주가 흐느낀다
이젠 치유와 씻김이 다른 말로 떠돌지 않는다

한 번도 나를 향해 귀를 열지 않았던
세상의 모든 미물들이 눈을 뜨고 입을 열고 나를 향해 달
려온다

소중한 것과 비루한 것
강한 것과 약한 것들이 전부 다 음악이 된다

뇌와 척수가 녹아내리는 고통 속에서도
박수와 환호가 환청으로 떠돈다

마침내 나는 음악과 슬픔의 궁극
눈물과 눈물이 끝없이 이어진다

*프랑스 작곡가 자크 오펜바흐(Jacques Offenbach, 1819-1880)의 첼로 곡

밤 그리고 극장

자정 무렵 몽마르트르 공원에서
여자가 괴성을 지르고 때론 노래를 한다

한밤의 버스킹
한과 슬픔과 분노가 섞여 있다

빈센트 반 고흐, 폴 고갱, 파블로 피카소 …
흉상 조형물들이 관객이다

마법을 부린 걸까
사람들이 목소리에 이끌려 하나둘 모여든다

연인, 친구, 부부들이 행렬을 이룬다
수십 명이 그녀를 에워싼다

어느새 달은 산허리에 솟고
밤은 더 깊어 어두운데,

끝없는 아리아처럼
막막한 레퀴엠처럼 노래가 공원을 읊조린다

오늘은 스무 번째 오디션을 보는 날인데
이번엔 주인공이 될 수 있을까
엑스트라로 배경으로만 남을까

나를 받아들일 준비가 되어있지 않은 세계에서
언제나 준비가 되어있는 나

너무나도 많은 실패를 연기하고 노래했는데
아침 9시가 되자마자
대출이자 독촉 문자가 뜬다

결핍이 더 큰 결핍을 불러오는 날
나는 나를 이겨낼 수 있을까

유일하게 나를 비추는 햇살 조명마저 오늘은 없는데
먹구름이 걷히려면 한참이 더 남아 있는데

햇살은 매번 나를 잠깐 비춰주고는 곧바로 떠나는데

비엔나

처음 가본 곳에서 기시감을 느낀다
나는 쇼팽의 연인도
모차르트의 뮤즈도 아닌데
묘한 리듬감이 심장을 파고든다

맥박이 빨라진다
시차 때문만은 아니다

모차르트의 작업실에 이르니 더더욱 증폭된다
문 앞에 서기만 해도
자신의 이야기를 풀어놓는다

옛이야기들이 파노라마처럼 돌아가기 시작한다

부초처럼 떠다니는 편지들은
다뉴브강 호수 끝에 머물고
머릿속은 숱한 이야기들로 뒤엉키지만
서로 싸우지 않는다

첫 번째 애인과 헤어진 내가
쇼팽이 두 번째 애인과 걸었다는

성 슈테판 대성당 앞을 걷는다

그 성당 안에는
페스트로 죽은 이들의 유해가 있다

전염 균을 태우듯 만 명의 아우성이
연기 속에서 울부짖다 사라졌을 것이다

사랑과 죽음과 성聖이 교차하는 거리
죽음보다 음악이
죽음보다 종교가
더 힘이 세다는 걸 증명하는데…

나는 음악도 종교도 제대로 갖지 못해
비엔나가 나의 심연을 늪처럼
더더욱 깊어지게 한다

모차르트의 레퀴엠 선율이 하늘을 향해 돌진한다

노래가 자살한다면

목소리도 노래가 싫을 때가 있다
그 노래가 더 이상 노래가 되는 세상이 아닐 때
노래는 섬이 되고 만다

마스크를 쓰고 노래가 걷는다
목적지로 어디로 택했을까

만약 노래가 자살한다면
세상은 귀를 닫고 눈이 멀고
입이 멈춘 계절이 될 텐데…

심장 속 양떼와 새떼들도
행로를 잃고 귀착을 찾지 못할 텐데…

내재율의 속삭임을 위해 목젖이 연주를 멈춘다

하염없이 밤하늘을 올려다보며
내일이 오지 않을 것처럼
떨림과 울림이 없는 세계가 도착한다

광장을 잃어버린 거리의 늙은 악사가

녹슨 악기 앞에서 눈물을 흘린다

죽은 노래 앞으로
턱시도를 한 조문객들이 몰려든다

오늘 밤은 어느 별을 향해서
그리움의 음표를 날려야 할까

시간을 지우고 사랑을 지우고
길 없는 자의 인생을 지운다

노래가 사람 없는 곳으로 사라진다
세상이 혼돈의 귀로 가득 찬다

4부
고고학적인 하루

생육 生肉

살아있는 것은 모두 죽음을 향해 열려있다
구순의 노모를 아랫목에 뉘어놓고
개다리소반을 마주한 나는
아가리를 벌려 닭다리를 뜯는다

방 한구석, 노모가 시집올 때 해온 화장대 거울이
내 모습을 스캔한다

내 몸을 잉태시켰던 어미의 몸은
시간을 갉아먹고 고목이 되어 갔다
검은 티가 낀 낙엽 같다

미음으로 하루하루를 연명하고
싱글 침대 한 칸이 동선의 전부인 세계

TV 드라마가 시작되면
노모의 기억이 소환된다

주인공이 아프면 노모도 슬프다
철없고 지질한 남자 주인공은 거듭 욕을 먹는다

그는 나의 아버지가 되기도 하고
때로는 아들이 되기도 한다

소품처럼 놓인 싱싱한 조화를 보며
노모는 자기 자신을 떠올린다

어제의 오늘이 내일의 오늘이 되고
하루하루 뇌를 독식하다 사라진다

그 모든 기억을 갉아먹고
생육이 되어 가는 노모

소멸보다 힘든 건
천천히 진행되는 과정을 지켜보는 시간이라서
눈물로 간이 밴 닭고기를 난 오늘도 뜯는다

2021년, 고려장

오늘 나는 고려장을 하고 돌아왔다

이건 고려장이 아니야, 되뇌었지만
마음속 무거운 돌은 어쩔 수 없다

요양원 창밖으로 자줏빛 노을이 배경으로 깔렸다
텅 빈 들판이 결핍을 부추겼고
더 깊게 우는 법을 전했다

차라리 "망할 년 못 된 년" 욕이라도 하면 좋으련만
"괜찮다 끼니 잘 챙겨 먹어라" 염려까지 늘어놓는다

당신의 손을 놓고 돌아서던 순간
까마귀 떼가 몰려오던 장면이 오버랩 됐다

따뜻한 기억만 남겨놓고
버림받은 기억만 쪼아 먹으면 좋으련만
그 모든 기억을 삼키고 날아갈 것만 같았다

환자는 더 이상 이 선 밖으로 나갈 수 없습니다
간호사가 배웅을 막았다

감옥처럼 느껴졌을 거다

떨리는 손을 놓고 내가 먼저 돌아섰다
당신이 맥없이 읊조리는 것만 같아
등 뒤에선 뜨거운 비가 하염없이 내렸다

당신의 추석

백발의 노모가
유리 벽 앞에서 손을 흔든다

나도 반가워 손을 내민다
그런데 체감이 없다

어느새 나는 낯선 이방인
지켜볼 뿐이다

무릎이 닳도록 다가와 펼친 손놀림
무슨 의미일까

오래 잠든 기억을 헤집어 오기라도 하듯
손짓이 바쁘다

장애인들끼리 주고받는 수화 같다

언젠가는 몸부림마저 온기를 잃어가겠지
그때 나는 어디쯤 서 있을까

검버섯이 들꽃처럼 핀 손으로

한때 나를 안았고
잉태한 미래를 다 키워냈던 노모

그 치열한 손의 역사가
이제는 과거형으로만 남아 있다

곱게 싸 온 보자기가 풀어 헤쳐지자
노모가 해맑게 웃는다
마스크 안쪽의 미소가 다 보인다

두 손가락으로 집어 든 송편
웃음에도 찰기가 흐른다

내년 추석에도 꼭 다시 송편 먹어요
휴대전화 액정에 문자를 써서 보여준다
마스크가 눈물만은 막지 못한다

배웅

창백한 그녀의 얼굴이 천장을 보고 누웠다
눈은 감았으나 동공은 천장 어딘가를 응시하고 있다

너머를 보고 있었던 걸까
나도 따라 천장 위를 올려다본다

그녀가 내 손을 붙잡는다
침묵이 흐른다

불안과 공포를 처음 만난 소녀처럼 난 어려진다

앙상히 뼈만 남은 두 손에서 기억과
기운이 점점 빠져나간다

먼 길 떠날 채비를 마친 그녀에게
오늘은 얼마나 긴 어둠일까

햇살이 유리창을 가로지르며 생기롭게 파고든다
햇살을 안으며 그녀가 말한다
나는 분홍색이 좋아

한쪽 입꼬리가 올라간 채
오십을 갓 넘긴 딸에게 연신 작별 인사를 한다

분홍색 상여를 타고 갈까
분홍색 비단 잠옷을 입으면
긴 잠을 잘 수 있겠지
한 벌이면 될 거야

꽃길을 제대로 걸어본 적 없는데
분홍색 나비를 꿈꾸는 걸까

그날 엄마 참 예쁘겠네
분홍은 봄의 색깔이니까

사람 말고 봄날로 환생하면 좋을 거야
그녀가 이내 잠이 든다

봄날로 가다가 깨어날까 봐
흐느끼지 않고 속으로만 운다

편

어머니가 돌아가시자
내 편이 하나만 사라진 줄 알았는데
완벽한 고아가 되고 보니
사방에 내 편이 없다

유품을 정리하며
서랍 속에 가지런히 놓인 수첩을 꺼낸다
온통 내 이야기다

편이 되기로 작정하고 쓴 기록
가식이 하나도 없다

2020년 7월 23일 코로나가 걸렸던 날
딸아, 네 잘못이 아니다
언제나 난 네 편이다

코로나가 확진되고
주위 사람들이 나를 회피할 때, 쓴 문장
편이라는 단어가 우주처럼 느껴진다

수첩을 끌어안는다

편의 냄새를 맡는다

그날 이후 편은 한 번도 치우침이 없다
움직임 없이 한자리에서
같은 편을 바라볼 뿐이었다

시간이 흐르고 모든 것이 흩어져도
사라지지 않는 중심은 편이었고
나를 나로 귀결시켰다

왼편, 오른편, 인편, 내 편,
단어만 들어도 눈물이 났다

연緣

예감은 머리에서 오지 않고
가슴으로부터 온다

만날 수 없는 사람인 줄 알면서도
가슴은 이미 연의 줄을 꼬아
똬리를 틀고 있다

산책길에 만난 거구의 병든 소나무가
토막이 난 채 누워 있다

날카로운 톱날에 잘린 채
수거를 기다리고 있다

헌 옷처럼 남루한 노인이 와서
밑동의 껍질들을 바라본다

껍질을 벗겨
그것들을 모아 등짐을 지고 간다

껍질들은 고적한 집
아궁이 속으로 들어갈 것이다

불이 되고 빛이 되고 연기가 되고
온기가 될 것이다

허물까지 다 쓸모가 된 생이 보인다
그 순간 난 엄마를 떠올린다

육신은 재가 되고
영혼은 연기가 되어
상징과 뼛가루로만 남은 엄마

가만히 밑동을 쓸어본다
가슴 먹먹하게
연이 살아서 되돌아 온다

고고학적인 하루

오백 년 된 고택 앞
삐걱거리는 대문을 열어젖힌다

미명 속으로 새 한 마리 푸드덕 날아오르고
노란 흙담 밑에서 마른 낙엽이 뒤척인다

마당 끝 장독대엔
기척을 잃은 장독이 애간장을 태우며
찐한 씨간장 맛을 우려내고
부엌은 칼제비 국수를 빚던 종부의 손을 기다린다

내내 바라본다
아궁이 벽 곳곳에 새까맣게 그을음이 쌓여 있다
한숨일까 노곤함일까

정화수로 쓰는 사기그릇이
두꺼운 먼지를 뒤집어 쓰고 있다
난 분명 정화수의 힘으로 자랐을 거다

이곳에서 탄생했을 맛들을 상상해 본다
매운 연기 맛

짜디짠 눈물의 맛
깊게 깊게 졸여낸 인내의 맛

큰 무쇠솥은 지금까지 몇 인분을 끓여 냈을까
가늠할 수가 없다

그녀는 사계절 내내 조상들의 제삿밥을 차렸을 텐데
이젠 누가 그녀를 위해 제삿밥을 챙길까

내 입에서 나온 건 감탄이 아니라 녹슨 탄식이다

고택을 읽다

나지막이 기울어진 옛집이 내 안을 들여다본다
나는 놀라지 않고 기꺼이 내보인다

어릴 때 키가 컸던 감나무가 작아져 있다
나무는 그대로인데 나만 변한 거다

절구가 이름을 잊은 채
유물이 되어 마당 한 켠을 지키고 있다
무언의 기다림 같다

불길에 스친 안채는 사라지고
행랑채만 덩그러니 남아 있다
방화가 아니라 자해를 한 것만 같다

지붕 위 망초들이 주인인 양 걸어 다닌다
새로운 주인인 양 살아간다
그만 떠나라고 난 큰소리치지 못한다

새벽녘 닭에게 모이를 던지던 아버지의 손길과
막걸리 내음이
대청마루의 들숨 속에 남아 있다

아버지는 사흘을 앓고
나를 깨끗이 화장해라 모든 것을 태워라, 유언했지만
태우면 모든 게 사라질까 봐
어머니는 선산으로 모셨다

문득, 집을 지켰을 구렁이의 안부가 궁금했다
옆집 아주머니는 어느 날 허물을 벗고 집을 떠났다고 했
다
사람이 없으니 허물만 남았던 거다

여름 태풍에도 몸을 지탱하던 집
달빛 머무는 밤이면 달그림자와 노닐던 집
이야기가 수백 겹 잠들어 있는 집
볼 때마다 나를 또다시 어린 소녀로 되돌렸던 집

빈집 앞에 서면 텅 빈 내가 끝없이 늘어난다

만월滿月

달은 무수한 이야기를 품고
가장 높은 산 정상 기슭에 만삭으로 떠 있다

이야기들은 언제 해산을 할까
한밤중 짐승들의 발자국은 외롭고
인간들의 적막한 눈물들은 침묵한다

그 순간 어느 집에선가 이야기가 쏟아지고
밤의 적막을 달래던 달의 태도가 분명해진다

간혹 어떤 아이는 잔별들의 어깨에 기대어 웃기도 하고
간혹 어떤 어미는 세상 속 날 선 결들을 안아 다독인다

달의 마음 따라 발걸음 따라 이야기가 떠돈다
지상의 무수한 귀들에게 스민다

다정한 밤이 길어지고
세상 속 소음과 칼날들에 대한 질문이 누그러든다

사람이 사랑이 될 수 있음을 속삭인다

이야기 보따리를 풀어낸 사람이
늙거나 죽어도 이야기를 듣는 사람들은
서러워하지 않는다

그리울 때마다 달을 본다
달 속엔 죽은 사람의 이야기뿐만 아니라
살아있는 사람들의 미래까지 서성인다
그래서 사람들은 만월을 사는 거다

호우 好雨

스물한 밤
화마는 산청을 시작으로
하동 옥종면까지 집어삼켰다

달리고 날 수 있는 짐승들은
불에 속도를 따라잡을 수 없었고
곤충들과 미생물들은 모두 미라가 되었다

계속해서 하늘을 자주 올려다보았지만
태양과 바람뿐이었다

사람은 피해도 집과 축사는 피할 수 없었다
풀어줄 틈도 없이 화마가 속도를 냈다

되돌아오니 축사 안에
어미 소가 어린 소를 감싸 안은 채 죽어 있었다

산맥 역 마을 여러 개를
잿더미로 만든 후에야
비가 내렸다

무심하고 무참했다
잔해가 검게 흘렀다

아무도 반성하지 않았다
또다시 산불이 산발적으로 발생했다

연蓮

한 곳에서 누군가를 기다리며
먼 곳을 응시합니다

진흙 같은 칠흑 속에서
좌선을 멈추지 않습니다

365일 움직이지 않으니
이것은 역사가 된 그리움

떠난 사람을 한 계절 밖에
기다리지 않았던 난 부끄러워
잠시 나를 닫습니다

적막 속에서 나를 다독입니다
자세만으로도 기다림의 완성이라고*
누가 말했던가요

그러니 꽃 진 자리에 맺힌 연밥은
응어리가 아닐 겁니다

단단한 말씀입니다

진흙 같은 세계 속 던져질
한 톨의 경구일 겁니다

*최찬상의 「반가사유상」 구절 변용

봄 침향

봄빛을 맞으며
봄빛 속으로 홀연히 들어간다

뺨을 스치는 바람결이 굳은 어깨뼈를 타고
온 우주의 기운을 달군다

툇마루 아래 오래 묵은 김칫독도
신 내음을 벗으려고 수돗가로 나온다

산수유나무 가지 끝에 앉은
까치도 날개를 저어 가며 바람을 붙잡고 논다

흙담 밑 붉게 핀 모란꽃도
서로 어깨를 겨누며 해바라기하고,

대문 밖에 널브러진 절구통도
무언가를 꿈꾸며 새순을 틔운다

한낮 불어오는 봄 침향은 그렇게
온갖 어둡고 궂은 비천함에게
침을 꽂듯 온기를 불어넣는다

만물에 피가 돈다

그러니 봄날마저 어둠 속이라 생각하는 당신도
혈 자리 다 드러내고
봄 속으로 사뿐사뿐 걸어가시라

봄눈▪에 대한 다섯 가지 시선

봄눈은 유예다
그것은 겨울의 마지막 숨결 같고
기도로도 다 못한 속삭임 같다
사라지기 위해 피어나는 마지막 흰 꽃

봄눈은 작은 망설임이다
다 털어내지 못한 마음의 끝
한 줌 숨결로 피어오르는 미동
차마 떠나지 못한 사람을 향해
하늘 끝에서 내려온 안부다

봄눈은 애틋함이다
닿지도 못하고 닿을 수도 없는
그럼에도 건네고 싶은 마지막 손끝
그 소소한 감정들이 소리 없이 흐르며
누군가에겐 계절을 바꾸는 시간이 된다

봄눈은 창백한 손수건이다
울음을 닦기엔 너무 얇고
기억을 덮기엔 너무 투명한
얼룩처럼 스며든 시간의 파편들이

천천히 녹아 흐르는
백색 기억이다

봄눈은 오래된 거울이다
빛을 만나야 비로소 드러나는 장면을 품고 있다
비추면 내가 있고
비껴보면 네가 있던 그 시절로
다시는 닿을 수 없음을 알려주는
조용한 아포리즘이다

부재

낙엽에겐 없는 게 많다
탈출한 비상계단도 없고
고민을 들어줄 상담소도 없다

저녁밥 짓고 기다리던 식탁도 없고
과거와 현재를 이어줄 흑백사진도 없다
그러니 낙엽은 오래전부터 불 꺼진 골방이다

새의 날개를 상상하며
곁가지에 아스라이 매달려
지금 여기를 벗어나는 꿈을 수없이 꾸었을 거다

다짐이 될 수도
둥지가 될 수도 없기에
추락의 시간이 다가올 때까지
도움닫기를 내내 했을 거다

누가 처음 낙엽이라는 이름을 지었을까
이름대로 살아야 하기에
한순간 움켜쥔 떨켜를 놓아야 한다

벌레에게 허락한 잎맥의 기억과
태풍을 견디던 시간까지
전부 내려놓아야 한다

그런데 낙엽 닮은 나는 그런 기회마저 없다

연결고리가 전부 끊긴 채
11월만 되면 참혹을 맛본다

이곳과 어울리지 않는
낯선 감정에게 말을 걸 듯
낙엽 하나가 발등 위로
툭 떨어진다

독도獨島 혹은 독도毒島

올곧게 자존을 세운
직립의 고독
방관자들이 만든
방치가 주변을 헤엄쳐 다니며
유린하려 해도
과거 현재 미래를 끌어안은 채
태초를 지킨다

폭염과 폭설 속에서도
세상을 향해 심연을 연다
사람만이 식솔은 아니라서
인기척이 있건 없건
새들과 나무와 꽃과 곤충과
의지를 기른다

어떤 이는 독도獨島를 독도毒島라고 부른다
외세外勢보다 무서운 게
내세內勢라서
두 개의 섬이 눈동자 되어
그 누구도 범접할 수 없는 고도高度가 되어
청정하지 못한 마음

꿰뚫어 본다

독도, 하고 그 이름을 되뇌면
그리운 섬 독도
역사의 고향 독도가
우리가 되어 달려와
뿌리를 내린다
한 번도 우리를 버린 적 없는
거대한 뿌리가
대한민국 안에 독야청청 살고 있다

페시미즘의 비전과 극적 전환의 시적 미학
—손영미, 『자클린의 눈물』의 시 세계

황치복(문학평론가)

1. 페시미즘, 세계의 부조리와 개인의 비참

2021년《열린시학》신인 작품상을 통해 등단한 손영미 시인의 첫 시집이다. 시집의 독특한 구성이 인상적이다. 시집을 펼치면 시적 공간이 온통 회색빛의 비전으로 가득 차 있는데, 도저한 페시미즘의 파토스가 불안과 추락의 페이소스를 조장한다. 모든 관계는 깨어지기 마련이고, 결국 모든 존재자는 몰락과 종말을 맞이할 것이라는 묵시록적 비전이 시편들을 수놓고 있어서 희망과 구원의 작은 빛도 발견할 수 없다. 그런데 시집 중간 부분부터 작은 틈으로 비치기 시작한 햇빛은 점차 그 농도를 진하게 하고 영토를 넓히더니 어느새 시집 후반부에서는 따뜻한 사랑의 언어가 시적 공간을 장악하게 된다. 이러한 시집의 구성을 달리 새로운 언어를 구할 수 없으니 상식대로 극적dramtic인 구성이라고 할 수 있을 것 같다.

이러한 극적 반전의 드라마는 시인의 드라마에 대한 관심에서도 영향을 받은 바 있는 듯하지만, 중요한 점은 이러한 반전의 스토리가 시인의 시적 성숙과 인생에 대한 깊은 성찰로 연결되고 있다는 점이다. 그러니까 시인은 한 시집 안에서 극적인 서사를 통해서 인간과 인생, 삶의 의미와 가치에 대한 깊은 통찰을 이루어내고 있는 것이다. 물론 이러한 과정에서 중요한 계기가 되는 것은 글쓰기 자체에 대한 천착, 그리고 타인의 고통에 대한 공감과 이해의 내면적 드라마가 녹아 있기도 하다.

페시미즘pessimism, 혹은 염세주의厭世主義는 세계가 불합리하고 비애로 가득하며, 행복은 덧없는 일시적이라고 보는 비관적인 세계관이다. 이러한 세계관을 체계화된 인물이 바로 쇼펜하우어(Arthur Schopenhauer, 1788. 2. 22.~1860. 9. 21.)라고 할 수 있는데, 그는 『의지와 표상으로서의 세계』라는 주저에서 인간이란 맹목적인 살려는 의지의 지배를 받는 존재로서, 모든 개체들은 살려는 의지를 충족시키고자 하는데, 세계는 이러한 의지의 주체들이 끊임없이 서로 대립하고 갈등하는 상태에 놓이게 된다고 주장한다. 따라서 세계는 만인에 의한 만인의 투쟁 상태로 접어들고 개체화 원리와 살려는 의지에 사로잡힌 우리의 삶은 고통스

러울 수밖에 없게 된다는 것이다. 쇼펜하우어는 이러한 세계의 고통이 개체들로 하여금 살려는 의지를 부정하게 만든다고 진단하고 있는데, 시인은 개체적 의지의 부정이 아니라 타자의 아픔에 공감하고 관계와 연대를 통해서 이러한 페시미즘에서 벗어나는 길을 모색하고 있는 셈이다. 손영미 시인의 신비스럽고 극적인 내면의 서사 속으로 들어가 보자.

　　삼 년 묵은 김치로 자작자작 끓여낸 찌개처럼 너는 다가왔다

　　한쪽 다리가 부러져 버려진 나무 의자처럼 나는 너에게 기댔다

　　폐업한 후 방치된 폐건물처럼 너는 멀어졌다

　　정전으로 멈춘 엘리베이터 안에 날마다 갇힌 것처럼 두려웠다

　　온몸 피멍 뚫고 바위틈 속에서 피어오르는 민들레꽃처럼 나는 무게에 짓눌려 어깨가 아팠다

　　동이 틀 때 종탑 위 십자가의 떨림처럼 재회는 오지 않았다

오크통에서 십 년 동안 숙성된 와인처럼 내밀하게 나는
침묵했다

공기처럼 후일담은 허다했고, 일기예보처럼 예감은 빗나
갔다

태양빛 비켜 새벽 달빛은 슬프게 기울고

새들은 나무 위에서 새봄을 알리지 않는다

담장 밑 수선화처럼 반쯤 고개를 든 채

나는 차가운 대리석 바닥처럼 온기를 자주 버렸다

은밀한 까마귀처럼 누군가 다가와 속삭였다

다시 돌아오면 진짜 사랑이 아니야

먹구름처럼 불길한 것이 나를 끌고 외길을 가고 또 갔다

　　　　　　　　　　　　　　─「사랑을 위한 비유법」, 전문

　만나서 사랑하고 헤어지는 것이 특별한 것은 아니지만,
이러한 만남과 헤어짐은 누구에게나 강한 내적인 파토스를
형성하고 깊은 상흔을 남기기 마련이다. 시인은 사랑의 과
정을 다양한 비유를 통해서 형상화하고 있는데, 문제는 "삼

년 묵은 김치로 자작자작 끓여낸 찌개처럼" 그렇게 웅숭깊은 존재로 다가왔지만, 이별은 필연처럼 예고되어 있다는 점이다. 15행에 이르는 사랑의 노래는 2행의 짧은 만남과 관계 형성 이후 오랫동안 겪어야 하는 실연의 고통과 오랜 기간의 정신적 방황과 상념으로 점철되어 있다.

그래서 시의 제목은 "사랑을 위한 비유법"으로 되어 있지만, 사실은 "실연에 대한 비유법", 혹은 "사랑 이후의 사태에 대한 비유법"이 더 적절하다고 생각된다. 이 시의 동사들을 보면 사랑의 과정에 대한 서술은 "다가왔다", "기댔다"라는 두 개인 반면, 사랑 이후의 사태를 서술하는 어휘들이 "멀어졌다", "두려웠다", "아팠다", "오지 않았다", "침묵했다", "빗나갔다", "기울고", "알리지 않는다", "버렸다" 등 불안과 상실, 고통과 소외의 언어들이라는 것을 상기해보면, 실연을 위한 노래라는 것을 쉽사리 짐작할 수 있다.

화자는 "동이 틀 때 종탑 위 십자가의 떨림처럼 재회는 오지 않았다"라고 하면서, 재회에 대한 간절함을 지니고 있지만, 시의 후반부에는 "다시 돌아오면 진짜 사랑이 아니야"라고 하면서 재회의 가능성을 원천적으로 차단하고 있다. 그러니까 모든 만남은 헤어지기 마련이며, 이별 후의 재회란 진정한 사랑이 아니라 미련이거나 어설픈 타협에 불과하다는 것인데, 이러한 시적 사유 속에서 우리는 세상의 이치 속에 담겨 있는 부조리와 고통의 현상학을 읽어낼 수 있다. 결국 이 시는 탈출구라든가 구원의 가능성을 애초에 차단한 듯한 폐쇄적인 시적 사유와 구조를 지니고 있는데, 이러한 도저한 페시미즘의 원인과 근거는 무엇일까?

당신과 나만 있는데
한 침대에서 네 명이 자고 난 기분이다

심장의 사생활
우린 겹치면서 어긋난다
어긋나면서 침묵한다
침묵은 생각의 농도를 조절하기 안성맞춤이다

당신의 잠과 나의 불면은 다른 목적을 갖는데도
우린 그렇게 무탈했다
내가 불면의 밤을 건너갈 때
당신은 잠을 신뢰했다

나는 당신의 잠이 궁금하지 않고
당신은 나의 에스프레소가 몇 모금 만에
사라지는지 신경 쓰지 않는다

밤은 깊어 가고 나의 심장은 위험하다
텅 빈 무대 위에
주목받지 못한 배우처럼

나는 서 있다

놀란 당신은 놀라지 않는 척을 하겠지
애초에 과묵하니까
내가 쓴 대본 속에서
조용한 괴물로 나오니까
사물을 연기하는 데는 달인이니까

지문에는 항상 이렇게 적혀 있다
절대 서로의 얼굴을 보지 말 것
가면을 아는 척하지 말 것

—「간극」, 전문

"우린 겹치면서 어긋난다/ 어긋나면서 침묵한다"라는 시적 진술이 저간의 사정을 설명해준다. 인간관계는 어긋나기 마련이라는 것, 그래서 현대인들은 자아로 구축된 고독한 성을 쌓고서 소외의 현실을 침묵으로 버티고 있다는 것을 암시하고 있는 것이다. 그런데 이러한 어긋남은 어디에서 연유하는 것일까? "당신의 잠과 나의 불면은 다른 목적을 갖는데도/ 우린 그렇게 무탈했다", 또는 "나는 당신의 잠이 궁금하지 않고/ 당신은 나의 에스프레소가 몇 모금 만에/ 사라지는지 신경 쓰지 않는다"라는 구절에서 추측할 수 있듯이, 관계의 전위轉位는 개체들이 서로 형성한 관계망 속에서 타자보다는 자기 자신에게만 관심을 쏟고 있기 때문이다. 현대인들은 모두 자기 자신이 직면한 문제에 골몰하며, 자신의 간직한 욕망의 실현에 대해서는 민감한 경향을 보인다. 쇼펜하우어가 말한 개체화의 원리, 혹은 맹목적인 살려는 의지로서의 이기심이 작동하고 있는 것이다.

그런데 이러한 이기심이라든가 개체화의 원리는 한 개인의 고유성이나 성품의 문제가 아니라 사회의 보편적인 시스템의 문제라는 점에서 세계의 부조리가 발생한다. 잘 알려져 있듯이 상징계는 거기에 등록된 주체에게 사회적 법칙을 부여하고, 그 이름에 맞는 역할을 강요한다. 언어의 질서, 그리고 아버지의 명령으로서의 법이 지배하는 상징계는 개체들을 사회라는 무대의 등장인물처럼 취급하며, 그에게 주어진 배역을 충실히 이행할 것을 명령한다. 그러니까 상징계에 진입한 사회인들은 자신에게 주어진 임무에 충실하면서 사회가 부여한 페르소나persona라는 가면을 쓰고서 살아가게 된다. 페르소나는 사회에서 요구하는 도덕과 질서, 의무 등의 공적 가치를 따라야 하는 처지이기에 자신의 본성을 감추거나 다스리기 위한 장치이기도 하다. 그렇기 때문에 페르소나, 혹은 가면에 익숙한 사람은 본모습을 잃게 되고, 자아 상실의 위기에 직면하게 되며, 타율성에 길들어졌기에 타자에 대한 관심과 공감의 영역에서 맹목을 드러내게 되는 것이다. 화자가 "놀란 당신은 놀라지 않은 척을 하겠지"라고 하면서 "사물을 연기하는 데는 달인이니까", 혹은 "가면을 아는 척하지 말 것"이라고 하면서 연극적 무대를 도입하기도 하고, 배역으로서의 무대의 가면을 강조하는 것은 이러한 이유 때문이다.

진정성 있는 소통과 공감이 불가능하기에 시인은 타자와의 관계를 조화와 이해의 그것으로 받아들일 수 없다. 그래서 시인은 타자에 대해서 불신하고 위험한 것으로 인식하면서 불안과 공포를 드러낸다. "당신이 내게 준 것은 꽃입니까 가시입니까/ 당신은 꽃을 보냈는데/ 나는 처음부터 가시로만 보였습니다// 손을 조금만 부주의해도/ 금방 가시에 찔리고 마는 선인장이/ 당신과 나 사이에 있습니다"(「가시 꽃」)라고 하면서 시인은 타자의 존재에 대한 의구심을 드러내며 나에게 상처를 줄 수 있는 매우 위험한 존재로 상정한다. 타자에 대한 신뢰와 포용을 기대할 수 없기에 세상은 부조리한 것이며, 어떠한 낙관적인 전망이나 비전도 담지할 수 없는 것이 된다.

시인의 페시미즘은 이러한 메커니즘을 통해 조장되고 확산되어 온 것이기에 세계는 개인의 통찰과 지배력 밖으로 벗어나게 된다. 그리하여 "대답이 없는 노래는 허공 속에 메아리가 되고/ 나는 나무 위에 내려앉은 연緣을/ 망연자실 올려다본다"(「트라이앵글」)고 노래하게 되는데, 나의 힘 바깥에서 나의 삶에 영향력을 행사하는 운명이라는 것을 상기하고 망연자실 그것의 처분을 기다리게 되는 것이다. 운명에 의존하는 삶은 능동적인 활동과 미래의 계획과 같은 삶의 활력을 박탈당하고 수동적이며 비관적인 전망으로 전락하게 된다. 시인이 "우리는 그렇게 위험천만한/ 실패를 예감하지 못하고/ 섣부르게 시작하다 고통과 좌절을/ 일찌감치 감수했다"(「프롤로그」)라고 하면서 비관주의와 허무주의의 늪으로 빠져들어가는 것은 이러한 심리적 기제 때문이다. 이러한 염세관이 극한으로 치달을 때 시인은 "깜박이는 모든 것은 죽음을 향해 열려있다"(「스위스로 가는 마지막 열차」)라는 잠언과도 같은 경구에 침윤된다. 이때 잔잔하게 흐르는 음악이 「자클린의 눈물」이다.

2. 구원의 빛은 외부에서

보이지 않는 나의 눈은 어디를 보고 있는 것인가

가녀린 틈으로 새어 들어오는 빛
어떤 우주의 기척이 나를 향해 달려온 것일까

나를 태울 것만 같은 빛이
꽂히듯 무대로 쏟아진다

활로 심장을 켠다
머릿속 음표들이 뛰어다닌다

온기마저 놓아버린 나의 심금이 점점 굳어간다
그런데도 비극은 멈추지 않는다

어떤 악기는 천년을 산다는데
나의 사랑과 사람은 5년 만에 떠났다

나의 몸은 슬픔의 원본
첼로여 더 이상 나를 기록하지 마라

너에게 슬픔이 중독되는걸
차마 허락할 수 없다

난 그저 파국의 주인공처럼 감긴 눈을 한 번 더 감는다

안에서 바깥으로 연주가 흐느낀다
이젠 치유와 씻김이 다른 말로 떠돌지 않는다

한 번도 나를 향해 귀를 열지 않았던
세상의 모든 미물들이 눈을 뜨고 입을 열고 나를 향해 달
려온다

소중한 것과 비루한 것
강한 것과 약한 것들이 전부 다 음악이 된다

뇌와 척수가 녹아내리는 고통 속에서도

박수와 환호가 환청으로 떠돈다

마침내 나는 음악과 슬픔의 궁극
눈물과 눈물이 끝없이 이어진다
ㅡ「자클린의 눈물」, 전문

「자클린의 눈물」이라는 곡은 19세기 작곡가 자크 오
펜바흐(Jacques Offenbach)의 미발표 작품이었다. 그의 사
후에 음악학자 베르나 토마스가 악보를 정리하며, 비운의
첼리스트 자클린 뒤프레를 기리는 의미로 '자클린의 눈물'
이라는 제목을 붙였다고 한다. 이 곡은 아주 느린 템포로 시
작되며, 마치 흐느끼는 사람의 목소리처럼 첼로의 은은한
소리가 울려퍼진다. 간결하게 반복되는 주제 속에는 슬픔과
비애, 체념과 한탄의 정서가 동시에 스며들어 있는데, 중반
이후 약간의 고조가 등장하지만 결국 다시 조용히 사라지
는 듯한 마무리는 정서적 해방보다는 파국의 운명을 받아
들임에 가까운 감정의 종착지를 보여준다. 그래서 오펜바흐
의 '자클린의 눈물'은 슬픔을 억누르는 것이 아니라 슬픔을
온전히 껴안고 조용히 소멸하는 것을 보여준다.

이 시 역시 "눈물과 눈물이 끝없이 이어진다"라고 하면
서 자신의 슬픔을 억제하거나 종결시키기 위해서 어떤 인
위적인 노력을 가하지 않고 온전히 껴안고 음미하려는 태
도를 보여준다. 시인이 "마침내 나는 음악과 슬픔의 궁극"

이라고 하는 대목에서는 슬픔의 절정에 이른 어떤 희열까지 느껴지기도 한다. 물론 표면적으로 이러한 슬픔의 궁극은 "나의 사랑과 사람은 5년 만에 떠났다"는 표현에서 알수 있듯이 실연이 그 원인을 제공한 것이지만, "나의 몸은 슬픔의 원본"이라든가 "난 그저 파국의 주인공"과 같은 표현들을 보면, 시인은 슬픔과 우울을 태생적으로 지니고 있었으며, 비애의 정동을 체현하고 있는 것으로 그려진다.

물론 시인의 이러한 운명론적인 슬픔이 부정적인 파토스로 끝나는 것은 아니다. 화자가 "이젠 치유와 씻김이 다른 말로 떠돌지 않는다"라고 하듯이 슬픔은 카타르시스의 작용을 통해서 정서적 불안을 해소하기도 하고, "한 번도 나를 향해 귀를 열지 않았던/ 세상의 모든 미물들이 눈을 뜨고 입을 열고 나를 향해 달려온다"라고 하거나 "소중한 것과 비루한 것/ 강한 것과 약한 것들이 전부 다 음악이 된다"라는 구절에서 추론할 수 있듯이 슬픔은 공감과 위로의 매개가 되어 타자들과 소통하거나 합일할 수 있는 계기가 되기도 한다. 물론 이러한 카타르시스와 소통, 그리고 공감과 합일의 정서적 상황은 음악으로 수렴되어 화음을 이루게 된다.

그러나 이러한 합일과 화음이라는 것은 "음악과 슬픔의 궁극"이라는 점에서 외설적이고 퇴영적인 성격을 면할 수 없다. 그것은 시와 음악에서 창출되는 건강한 서정성이 아니라 부정적인 낭만주의의 특색을 지니는 것으로 과잉된 감상성과 몽환적인 요소가 스며 있으며, 우울과 비애의 극적인 파토스를 보여주기도 한다. 세상이란 애초부터 부조리하게 구성되어 있으며, 거기에서 살아가야 하는 인간이란 비극적 운명론자가 될 수밖에 없기에 이러한 귀결은 당연한 것처럼 보인다. 하지만 비탄과 체념만으로는 삶의 향상 의지, 스피노자(Baruch Spinoza, 1632 – 1677)가 말한 이른 바 코나투스Conatus를 실현할 수 없다. 코나투스란 사물이 본디부터 가지고 있고 스스로를 계속 높이려는 경향, 혹은 모든 개별자들이 지니고 있는 자신의 존재를 유지하고 강화하려는 내재적인 경향이라고 할 수 있다. 자신이 지닌 생명의 에너지를 유지하면서 증가시켜 자신의 존재를 한층 고양시키려는 내적인 경향에서 볼 때, "음악과 슬픔의 궁극"이란 부정적인 기제로 작용할 수밖에 없다.

이러한 상황에서 시인이 구상하는 타개책은 자신의 존재 자체를 초기화, 혹은 재설정하는 것이다. 이른바 '리셋'에 대한 충동인데, 시인은 "일요일엔 모든 것과 헤어지고 싶어/ 나의 머릿속 생각들의 놀이터가 잠이 들면/ 17살의 소녀 시절/ 처음 내게 찾아왔던/ 무의식만을 껴안고 리셋하고 싶어"(「상상 결혼」)라고 하면서 기존의 삶의 경험과 상처를 무화하고 다시 시작하고 싶다는 열망을 드러내는 것이다. 하지만 그러한 리셋의 충동 또한 녹록지 않은데, 다음 시구가 그것을 보여준다.

> 쓸쓸함이 모래알처럼 촘촘하다
> 오롯이 나약한 한숨만이 오가던 길을 지운다
> 세상의 남겨진 단 하나의 이름만 달빛 속에서 운다
> 나는 메스를 들어 기억을 도려내듯
> 가슴 한 부분을 자르는 중이다
> 당신의 숨결이 불안하고
> 당신과 나를 연결했던 안부마저 위태롭다
>
> 하늘 아래 우리는 리셋 중이다
> 당신은 당신의 질서 속으로
> 난 나의 슬픔 속으로
> 또다시 그렇게…

―「리셋」, 부분

시인의 리셋 과정이라는 것은 "오롯이 나약한 한숨만이 오가던 길을 지"우기도 하고, "메스를 들어 기억을 도려내 듯/ 가슴 한 부분을 자르는" 등의 기억을 지우는 과정으로 점철된다. 그러나 리셋이 모든 과정을 무화하고 처음으로 돌아가 새롭게 시작하는 것이어야 하는데, "당신은 당신의 질서 속으로/ 난 나의 슬픔 속으로/ 또다시 그렇게" 침잠하고 만다. 리셋을 통해서 코나투스를 실현할 수 있는 계기를 마련하는 것이 아니라 원초적 슬픔의 늪 속으로 다시금 침윤되고 마는 것이다. 리셋에 대한 시도가 녹록치 않자 시인이 몰입하는 것을 '글쓰기'이다. 시인은 "뭔가 쓰지 않으면 죽을 것 같은 날들을 위해/ 내 서사의 굴곡까지 들키고 만다"(「네일아트」)라고 하면서 글쓰기가 슬픔의 정동에 잠식된 자신의 의식을 구출할 유일한 탈출구로 설정하고 거기에 매달린다.

그러나 글쓰기 또한 시인의 구원자가 될 수 없는데, "나에겐 언제나 진행형 밖에 없다/ 나의 글 곳곳엔 자리한/ 눅눅한 이미지와/ 리듬 없는 문장들이/ 그것을 증명한다"라고 하거나 "과정은 결과를 추궁하듯 나를 찌른다/ 끝까지 버티라고 가시 옆에서 꽃까지 피운다/ 무작정 시작한 되풀이를 끝내고 싶은데/ 카타르시스가 찾아오지 않는다"(「에필로그」)라고 하면서 글쓰기가 삶의 활력을 제공하거나 불안과 우울을 정화해 줄 기제가 될 수 없음을 고백하고 있다. 시인이 리셋을 추구하거나 글쓰기를 통해서 구원과 해방의 탈출구를 찾지 못하는 것은 타자에 대한 공감과 이해, 그리고 그것을 통한 연대와 조화를 찾지 못했기 때문이라고 할 수 있다. 시인은 리셋에 대한 갈망과 글쓰기에 대한 욕망을 지니고 있음에도 불구하고 내 삶의 자장 안에 들어와 있는 타자의 존재에 대해서 자각하지 못하고, 그것이 행사하는 영향력에 대해서 깊이 고민하지 못하고 있었던 것이다.

시인이 "텅 빈 무대 위에/ 주목받지 못한 배우처럼/ 나는 서 있다"(「간극」)라고 하거나 "난 그저 파국의 주인공처럼 감긴 눈을 한 번 더 감는다"(「자클린의 눈물」)라고 할 때, 시인은 항상 무대의 주인공으로서 관객의 관심과 주목을 대상이 되기를 바란다. 비극의 주인공으로서든 파국의 주인공으로서든 시인은 주인공으로서 무대에 서는 것을 지향하는 것인데, 이러한 자기 중심적인 태도는 쇼펜하우어가 말한 맹목적인 살려는 의지로서의 개체성의 원리를 현현한 것으로 간주할 수 있다. 그러니까 타자의 삶에 대한 관심을 통한 공감과 연대가 아니라 자아의 개체적 생존만이 문제가 되는 상황인 셈이다. 따라서 구원은 항상 안에서 나오는 것이 아니라 밖에서 운명처럼 오게 되는데, 그것은 시인이 주인공이 아니라 관객의 자리에 설 때 가능해진다.

자정 무렵 몽마르트르 공원에서
여자가 괴성을 지르고 때론 노래를 한다

한밤의 버스킹
한과 슬픔과 분노가 섞여 있다

빈센트 반 고흐, 폴 고갱, 파블로 피카소 …
흉상 조형물들이 관객이다

마법을 부린 걸까
사람들이 목소리에 이끌려 하나둘 모여든다

연인, 친구, 부부들이 행렬을 이룬다
수십 명이 그녀를 에워싼다

어느새 달은 산허리에 솟고
밤은 더 깊어 어두운데,

끝없는 아리아처럼
막막한 레퀴엠처럼 노래가 공원을 읊조린다

한 시간 가까이
모든 다 빠져나올 때까지 토해낸다

노래가 이젠 더 이상
그녀만의 노래가 아니라는 듯,
듣고 있는 사람들이 먼저 눈물을 흘린다

노래만으로 우린 같은 서사에 든 걸까
카타르시스가 세계를 휘감고 돈다

아무도 감히 박수를 치지 않는다

　　　　　　　　　―「밤 그리고 극장」, 전문

　자정 무렵 한 여성이 "괴성을 지르고 때론 노래를 하"
는 버스킹을 하고 있는데, 그 공연에는 "한과 슬픔과 분노
가 섞여 있다." 한과 슬픔과 분노가 섞여 있다는 점에서 공

연자는 지금까지 시인이 지녀온 내면의 울분과 우울을 대변해주고 있는 인물이라고도 할 수 있다. 그런데 그 목소리가 마법적인 힘을 발휘하여 관객들을 끌어모으고 시적 화자 또한 그러한 움직임에 끌려 관객과 하나가 되어 공연을 관람하게 된다. 그리하여 공연은 퍼포먼스와 관객이 하나가 되어 어우러지며, "노래가 이젠 더 이상/ 그녀만의 노래가 아니라는 듯,/ 듣고 있는 사람들이 먼저 눈물을 흘린다." 그리고 시인이 글쓰기를 통해서 그토록 갈망하던 "카타르시스"에 도달하게 되는데, "노래만으로 우린 같은 서사에 든 걸까/ 카타르시스가 세계를 휘감고 돈다"라는 표현이 그러한 사정을 요약해주고 있다. 그러니까 노래 공연을 통해서 가창자와 관객은 하나가 되는데, 그러한 공감과 연대의 실현이 카타르시스(katharsis)라는 정화작용을 초래한 것이며, 이로 인해서 시적 화자는 마음의 응어리를 풀어버리고 슬픔을 해소하게 된다.

시인이 추구하던 카타르시스가 글쓰기라는 주체적 행동이 아니라 공연을 관람한 행위라는 수동성에서 야기되었다는 점을 강조할 필요가 있다. 물론 공연자도 자신의 한과 슬픔과 울분을 노래했지만, 그녀는 "끝없는 아리아처럼/ 막막한 레퀴엠처럼" 노래했다는 점에서 단순히 자신의 내면을 토로한 것만은 아니다. 그녀는 그것을 순화해서 서정적인 가곡의 색채를 띠게 했고, 죽은 사람의 영혼을 위로하기 위한 미사 음악의 성격을 지니도록 했다. 이러한 요소가 관객을 끌어당겼고, 관객과 공연자는 하나가 되어서 카타르시스에 도달하게 된 것이다. 그러나 시인의 관점에서 볼 때, 그동안 그토록 추구했던 슬픔의 해소와 응어리의 정화를 관객의 입장에서 이루게 된 것은 주목할 만하다. 타자의 아픔과 슬픔에 대한 공감과 연대를 통해서 거기에 도달했기 때문이다. 자신의 아픔과 슬픔에 대한 정화작용을 이룬 시인이 사랑에 도달하게 되는 과정 또한 타자의 아픔과 고통에 대한 공감을 통해서인데, 그러한 작품들이 시집의 마지막을 수놓고 있다.

3. 타자의 고통, 혹은 해방의 탈출구

살아있는 것은 모두 죽음을 향해 열려있다
구순의 노모를 아랫목에 뉘어놓고
개다리소반을 마주한 나는
아가리를 벌려 닭다리를 뜯는다

방 한구석, 노모가 시집올 때 해온 화장대 거울이
내 모습을 스캔한다

내 몸을 잉태시켰던 어미의 몸은
시간을 갉아먹고 고목이 되어 갔다
검은 티가 낀 낙엽 같다

미음으로 하루하루를 연명하고
싱글 침대 한 칸이 동선의 전부인 세계

TV 드라마가 시작되면
노모의 기억이 소환된다

주인공이 아프면 노모도 슬프다
철없고 지질한 남자 주인공은 거듭 욕을 먹는다

그는 나의 아버지가 되기도 하고
때로는 아들이 되기도 한다

소품처럼 놓인 싱싱한 조화를 보며
노모는 자기 자신을 떠올린다

어제의 오늘이 내일의 오늘이 되고
하루하루 뇌를 독식하다 사라진다

그 모든 기억을 갉아먹고
생육이 되어 가는 노모

소멸보다 힘든 건
천천히 진행되는 과정을 지켜보는 시간이라서
눈물로 간이 밴 닭고기를 난 오늘도 뜯는다

—「생육生肉」, 전문

생육生肉이란 '날고기'로서 살아있지만 죽은 것이나 다름없는 육체를 지칭하는데, 여기서는 그 대상이 바로 늙은 어머니라는 점에서 충격적이다. 하지만 이 말에는 죽음으로 다가가고 있는 어머니에 대한 한없는 동정과 연민의 정서가 배어 있으며, 하나의 생명이 겪어야 하는 고통과 아픔에 대한 애린의 정신이 스며 있다. 시인은 앞서 언급한 것처럼 "깜박이는 모든 것은 죽음을 향해 열려있다"(「스위스로 가는 마지막 열차」)라고 하면서 모든 세상이 조락과 소멸에 장악되어 있다는 염세적 세계관을 강조한 바 있지만, 여기서 "살아있는 것은 모두 죽음을 향해 열려있다"라는 시적 진술에는 부서질 위험에 처해 있는 연약한 생명과 근원적인 유한성에 대한 공감적 성찰과 인간적 연민의 정신이 스며 있기도 하다.

시적 화자가 "소멸보다 힘든 건/ 천천히 진행되는 과정을 지켜보는 시간"이라고 하면서도 노모가 소멸해가는 과정을 세밀히 지켜보는 것은 그녀가 겪어야 할 아픔과 고통에 동참하고 싶기 때문이다. 그러니까 소멸하는 과정을 겪는 중인 외로운 노모가 혼자서 그러한 과정을 겪지 않도록 그 과정에 동참함으로써 힘을 주고 외롭게 고투하지 않도록 지켜주고 싶은 것이다. 이러한 공감과 연대의 과정에서 시적 화자는 "내 몸을 잉태시켰던 어미의 몸은/ 시간을 갉아먹고 고목이 되어 갔다"고 묘사하기도 하고 "검은 티가 낀 낙엽 같다"고 토로하기도 하는데, 이러한 시적 진술 속에는 삭아가는 어미의 몸을 바라보는 자식의 안타까운 심정과 숨죽인 울음이 담겨 있다. 특히 "어제의 오늘이 내일의 오늘이 되고/ 하루하루 뇌를 독식하다 사라진다"는 구절이나 "그 모든 기억을 갉아먹고/ 생육이 되어 가는 노모"라는 표현에서는 무너져가는 육친의 기억과 육신을 바라보는 화자의 숨죽인 오열을 느낄 수 있다.

그런데 더욱 주목되는 점은 시인이 이처럼 망가져가는 육신과 정신에도 불구하고 노모의 마지막 삶을 통해서 사랑을 발견하고 있다는 점이다. "오늘 나는 고려장을 하고 돌아왔다"라고 고백한 시인은 "차라리 "망할 년 못 된 년" 욕이라도 하면 좋으련만/ "괜찮다 끼니 잘 챙겨 먹어라" 염려까지 늘어놓는다"(「2021 고려장」)라고 하면서 버림받은 처지에 자식을 걱정하는 어미의 마음에서 사랑을 읽으며 목이 멘다. 또한 "곱게 싸 온 보자기가 풀어 헤쳐지자/ 노모가 해맑게 웃는다/ 마스크 안쪽의 미소가 다 보인다// 두 손가락으로 집어 든 송편/ 웃음에도 찰기가 흐른다"(「당신의 추석」)라고 하면서 추석이라고 송편을 가지고 찾아온 자식의 방문을 환대하는 어머니의 모습을 읽어낸다. 시인은 이 모습을 보면서 "내년 추석에도 꼭 다시 송편 먹어요"라고 확신할 수 없는 간절한 소망을 피력하면서 울음을 터트린다. 노모가 생을 마감하자 시인은 과거를 회상하면서 "2020년 7월 23일 코로나가 걸렸던 날/ 딸아, 네 잘못이 아니다/ 언제나 난 네 편이다"라고 했던 장면을 떠올리고, "코로나가 확진되고/ 주위 사람들이 나를 회피할 때, 쓴 문장/ 편이라는 단어가 우주처럼 느껴진다"(「편」)라고 하면서 생전의 어머니야말로 자신을 둘러싸고 있던 소우주였음을 깨닫는다.

생의 마지막 순간을 보내기 위해서 요양원에 들어가면 서도 "괜찮다 끼니 잘 챙겨 먹어라"라고 자식의 안부를 걱정하던 어머니, 그리고 추석의 방문에 대해서 해맑게 웃으며 오히려 환대해준 어머니는 자신의 고통과 아픔 대신에 자식의 죄책감과 자괴감을 이해하고 그것을 무마하기 위해 위로의 언어를 사용하는데, 이러한 어머니에게서 시인은 자신의 삶의 토대이자 자양분인 우주를 발견하고 있는 것이다. 또한 어머니를 통해서 시인은 인연의 신비로움과 정의로움을 발견하게 되는데, 그것은 세계를 부조리가 아니라 조화와 화음의 세계로 인식하는 것을 의미한다. 시인은 앞서 언급한 대목에서 "대답이 없는 노래는 허공 속에 메아리가 되고/ 나는 나무 위에 내려앉은 연緣을/ 망연자실 올려다본다"(「트라이앵글」)고 하면서 폭력적으로 개입하는 운명의 힘에 대해 무력감을 피력한 바 있었다. 하지만 이제 어머니의 사랑을 발견한 시인은 "육신은 재가 되고/ 영혼은 연기가 되어/ 상징과 뼛가루로만 남은 엄마// 가만히 밑동을

쓸어본다/ 가슴 먹먹하게/ 연이 살아서 되돌아 온다"(「연
糸」)라고 하면서 세상은 엄정한 이치와 조화의 원리에 의해
서 운행되고 있음을 자각하게 되는 것이다. 엄마와의 인연
이 우연이 아니었으며, 잘 짜여진 우주의 각본과 같이 엄정
한 것이었음을 자각하는 것이다. 그리하여 시인은 세상이
사랑으로 이루어져 있음을 발견한다.

　　달은 무수한 이야기를 품고
　　가장 높은 산 정상 기슭에 만삭으로 떠 있다

　　이야기들은 언제 해산을 할까
　　한밤중 짐승들의 발자국은 외롭고
　　인간들의 적막한 눈물들은 침묵한다

　　그 순간 어느 집에선가 이야기가 쏟아지고
　　밤의 적막을 달래던 달의 태도가 분명해진다

　　간혹 어떤 아이는 잔별들의 어깨에 기대어 웃기도 하고
　　간혹 어떤 어미는 세상 속 날 선 결들을 안아 다독인다

　　달의 마음 따라 발걸음 따라 이야기가 떠돈다
　　지상의 무수한 귀들에게 스민다

　　다정한 밤이 길어지고
　　세상 속 소음과 칼날들에 대한 질문이 누그러든다

사람이 사랑이 될 수 있음을 속삭인다

이야기 보따리를 풀어낸 사람이
늙거나 죽어도 이야기를 듣는 사람들은
서러워하지 않는다

그리울 때마다 달을 본다
달 속엔 죽은 사람의 이야기뿐만 아니라
살아있는 사람들의 미래까지 서성인다
그래서 사람들은 만월을 사는 거다

—「만월滿月」, 전문

'만월滿月'이라는 대상 자체가 풍요로움과 생명력, 혹은 잉태의 능력과 다산多産과 같은 이미지를 지니고 있는데, 그러한 만월의 이미지는 시적 맥락에서 볼 때, "무수한 이야기"에서 야기되는 것이다. "가장 높은 산 정상 기슭에 만삭으로 떠 있다"는 표현이라든가 "이야기들은 언제 해산을 할까"라는 구절들을 보면, 달은 곧 잉태한 임부의 이미지를 지니고 있으며, 임부가 출산하는 것은 곧 이야기라고 할 수 있다. 그리고 "이야기 보따리를 풀어낸 사람이/ 늙거나 죽어도 이야기를 듣는 사람들은/ 서러워하지 않는다"라는 구절을 음미해 보면, 이야기란 곧 타자들이 그려나간 삶의 궤적으로서의 인생이라는 것을 알 수 있다. 그러니까 타인들의 삶의 이야기가 만월처럼 떠서 세상을 비추고 다른 사람들은 그러한 이야기로 인해서 풍요롭고 생산적인 삶을 영위할 수 있는 셈이다.

그런데 타자들의 삶의 이야기가 만월처럼 떠서 비춘다는 시적 구도는 타자들의 삶이 바로 다른 사람들의 풍요로운 삶의 원천이 된다는 것을 의미한다. 다른 사람의 삶은 나의 생존 의지와 충돌하는 것이 아니라 나의 삶에 자양분을 제공하여 더욱 풍요롭고 생산적인 삶을 가능케 하는 것이다. "간혹 어떤 아이는 잔별들의 어깨에 기대어 웃기도 하고/ 간혹 어떤 어미는 세상 속 날 선 결들을 안아 다독인다"는 표현이 타자의 이야기인 만월의 그러한 긍정적이고 생산적인 기능을 암시하고 있고, "다정한 밤이 길어지고/ 세상 속 소음과 칼날들에 대한 질문이 누그러든다"라는 표현이 만월이 세상의 고통과 상처에 대한 "치유와 씻김"의 기능을 담당할 수 있음을 암시하고 있다.

결국 시인은 "사람이 사랑이 될 수 있음을 속삭인다"라는 구절을 통해서 세상이 부조리와 비애로 가득 차 있는 것이 아니라 사랑과 공감으로 충만해 있음을 고백한다. 그러니까 손영미 시인의 『자클린의 눈물』이라는 시집은 "나의 몸은 슬픔의 원본", 혹은 "마침내 나는 음악과 슬픔의 궁극"이라는 인식에서 "사람이 사랑이 될 수 있음을 속삭인다"는 시적 인식에 이르는 지난한 과정이라고 할 수 있다. 그것은 다시 말해 도저한 페시미즘의 세계관과 시적 인식에서 벗어나 세상과 인생을 살 만한 것으로 희망적이고 밝게 보는 옵티미즘(optimism)에 이르는 과정이라고 할 수 있는데, "달 속엔 죽은 사람의 이야기뿐만 아니라/ 살아있는 사람들의 미래까지 서성인다"라는 구절이 그러한 사실을 대변해준다. 시인은 이러한 시구를 통해서 미래에 대한 희망과 비전을 암시하고 있기 때문이다.

지금까지 손영미 시인의 시적 여정을 살펴보았다. 염세적 세계관의 작품들은 그것대로 아름답고, 어머니의 삶과 죽음을 통해서 사랑을 발견해 가는 과정을 그린 작품들은 감동적이다. 세상은 비관주의로 일관할 만큼 그리 부조리하지도 않고 비극적이지만도 않지만, 또한 낙관주의로 팽배해 있을 만큼 조화롭거나 질서정연하지도 않다. 그렇기에 시인이 앞으로 사랑으로 충만한 풍경만을 그리지는 않을 것이다. 사실 어머니의 삶에 대한 천착을 통해서 시인은 너무 쉽고 빠르게 페시미즘에서 벗어났는지도 모른다. 시인은 "나는 음악과 슬픔의 궁극"이라고 묘사한 바 있지만, 시는 모름지기 극한을 추구하는 양식이라고 생각된다. 화음과 사랑의 장면도 마찬가지지만, 시는 슬픔과 고통의 뿌리까지 파고 들어가 그 근원과 토대를 파헤치는 것, 그리하여 정동의 흐름에 균열을 내고 지각변동을 일으켜 우리의 감각을 갱신하는 것인지도 모른다. 거기에서 카오스적 국면을 타개할 새로운 삶의 준칙과 윤리가 탄생할 것이다.

자클린의 눈물

초판 1쇄 인쇄일 | 2025년 11월 20일
지은이 | 손영미
펴낸이 | 김미아
펴낸곳 | 더푸른 출판사
편 집 | 하종기

출판 등록 2019년 2월 19일 제 2009-000006호
경기도 평택시 지제동삭3로11, 108동 802호

전화 | 031-616-7139
팩스 | 0504-361-5259
E-mail | dprcps@naver.com
홈페이지 | https://blog.naver.com/dprcps

ISBN | 979-11-989716-6-1(03810)

값 12,000원